AF456212

MÉMOIRE

SUR LES PREMIERS

SECOURS A DONNER AUX BLESSÉS

SUR LES CHAMPS DE BATAILLE

Conseils aux Soldats des armées volontaires.

PAR

M. Henry DUMONT

Ancien interne lauréat : Premier prix, Médaille d'argent, des hôpitaux civils,
Ex-chef de clinique de la Faculté de médecine de Paris,
Docteur en médecine et en chirurgie.

COULOMMIERS

IMPRIMERIE DE A. MOUSSIN

1862

A LA MÉMOIRE DE MA GRAND'MÈRE

A LA MÉMOIRE DE MON GRAND PÈRE,
LE DOCTEUR SAUTREAU

A MES FRÈRES ET SŒUR

A MES MEILLEURS AMIS :

M. ET Mme GEOFFROY

M. LE DOCTEUR V. RACLE
Médecin de l'hôpital des Enfants.

M. ET Mme MOUSSIN

Mme ET M. SERRET
Avocat à la Cour impériale.

A MM. WHITEHEAD ET SATCHWELL

Chirurgiens de brigade de l'armée américaine du Sud.

SOUVENIRS DE LA CHARITÉ.

HOMMAGE DE SYMPATHIE AMICALE.

Je prie M. LEGOUEST, professeur et chirurgien au Val-de-Grâce, officier de la Légion-d'Honneur, de vouloir bien agréer ici mes remercîments pour les bienveillants conseils dont il m'a honoré.

INTRODUCTION

Il nous a été donné d'écouter de la bouche même de quelques blessés de l'hôpital majeur de Milan toutes les perplexités douloureuses qui assiégent les malheureux soldats dès qu'ils tombent sur le champ de bataille.

Foulés aux pieds de leurs camarades si l'action est assez vive pour qu'on ne puisse pas s'occuper d'eux, transportés à quelque distance en arrière de la ligne si les soldats en ont le loisir et de suite abandonnés ; abandonnés encore si la ligne fait un brusque mouvement en avant, voilà quelle position est faite tout d'abord aux blessés.

Bientôt de nouveaux dangers surviennent, celui d'être foulé aux pieds par les masses qui vont suivre, par la cavalerie, par les roues de l'artillerie et des caissons, ou criblés par les projectiles perdus ; ils n'étaient que légèrement atteints peut-être, ils seront relevés morts ou mutilés. Cette situation est pleine de terreur et d'angoisses, surtout si l'on songe que la blessure primitive elle-même peut offrir un danger de mort presque immédiat. Nous voulons parler tout spécialement des cas d'hémorrhagie.

En songeant à cette position doublement périlleuse née du fait de la blessure et du fait des combattants dont le blessé ne fait plus partie, nous nous demandons s'il n'est pas possible de protéger *immédiatement* la victime contre les doubles chances de mort qui sont imminentes.

Nous savons qu'il serait difficile d'ajouter à la rapidité et à l'intelligence des secours chirurgicaux prodigués en pareil cas aux soldats, mais n'est-il pas permis de dire que l'on a méconnu de la manière la plus complète, l'un des points les plus essentiels du problème; a-t-on trouvé les moyens de soustraire le blessé, à l'instant même, d'abord aux dangers absolument prochains de sa blessure, comme ceux de l'hémorrhagie, et ensuite aux dangers éventuels de la mutilation et de l'écrasement par suite des évolutions de troupes qui s'opèrent autour de lui?

La question, sous sa forme naïve en apparence, s'élève à la hauteur d'une question de droit des gens.

Le blessé n'est plus un combattant, il serait respecté même de l'armée ennemie; n'a-t-il pas droit, comme première récompense de ses services, d'être protégé sans délai, contre de nouvelles chances de destruction? Dès que le soldat est hors de combat il ne devrait plus être soumis aux péripéties des combattants, il n'est plus menaçant, il ne devrait plus être menacé.

Comme on le voit, la chirurgie n'est pas encore ici mise en cause, on n'a aucun reproche à lui adresser, elle n'est pas et ne peut pas être présente, et cependant faut-il s'avouer impuissant à défendre la victime?

Ainsi considérée la question devient d'un immense intérêt; elle ne tendrait à rien moins qu'à sauver les hommes dont les blessures ne sont pas nécessairement, mais bien accidentellement mortelles.

Voici en effet les cas sur lesquels l'attention se fixe involontairement : un homme tombe atteint d'une blessure sans gravité comme on va le voir, une balle a traversé simplement les muscles de la cuisse, en respectant les troncs nerveux et sans fracturer les os, mais malheureusement *un tronc artériel important a été coupé*, une *hémorrhagie abondante* s'établit et fait périr le malade en une heure ou même en une demi-heure; la simple application d'un doigt sur le trajet de l'artère eût prévenu cette hémorrhagie, la plaie réduite à son état de *simplicité* réelle aurait guéri peut-être en quinze jours et e moribond reprenait sa place dans les rangs.

Ce fait se reproduit par milliers, et quand le chirurgien jette après l'action un coup d'œil d'ensemble sur le champ de bataille, il est frappé douloureusement de voir tant de morts produites par des causes dont il aurait pu si facilement conjurer les dangers.

Faire intervenir la chirurgie avant les chirurgiens, pour les hémorrhagies, est encore fournir au blessé les moyens de se soustraire aux périls indépendants de sa blessure, tout est là. Réaliser ce double problème c'est sauver, pour le pays, peut-être à chaque bataille, un corps d'armée tout entier.

Ainsi, comme on le voit, l'heure ou pour mieux dire la fraction de temps qui suit la blessure est pleine de périls, parce que le traitement de la lésion ne comporte, bien souvent, aucun délai. Aussi voudrions-nous que l'attention se fixât tout d'abord sur ce point, et que *pour la première fois* on s'efforçât de parer aux dangers *de l'instant.*

Mais, tous les blessés ne courent pas ce *danger de mort immédiate*, il en est qui, atteints d'une blessure grave, peuvent survivre et *attendre plusieurs heures* le premier secours du chirurgien, cette attente ne compromet pas leur existence, il ne serait pas vrai pour cela de dire que l'attente ne leur est pas funeste. S'il s'agit *d'une fracture comminutive*, par exemple, la présence du projectile, des divers corps étrangers, des esquilles nombreuses pendant un certain nombre d'heures dans le foyer de la plaie est loin d'être inoffensive; d'un autre côté, les mouvements que le blessé a pu faire, les accidents convulsifs qui déplacent nécessairement les fragments osseux et les enfoncent davantage dans la substance musculaire, dans les troncs nerveux eux-mêmes, toutes ces circonstances deviennent, dans un délai peu éloigné, la cause des flegmons graves, de supurations très-étendues, d'étranglements par les aponévroses d'une violente fièvre traumatique et même du tétanos.

Est-il possible de nier que le long intervalle qui s'est écoulé entre le moment de la blessure et celui du premier pansement a été la cause de ces accidents et de leur gravité?

Nous pensons donc ici, comme dans le cas précédent, que l'intervention chirurgicale rapide est de toute nécessité.

Dans le premier cas, hémorrhagie, cette intervention a pour but de conserver l'existence des blessés ; dans le second, fracture comminutive, de lui épargner les complications que, sans doute, cette blessure porte en germe, mais dont, à la rigueur, elle pourrait être exemptée.

Donc, à ces derniers points de vue, l'intervention immédiate consiste dans les soins et les moyens de relever le blessé, de le déposer dans un appareil approprié et dans les moyens de transport qui doivent le conduire à l'ambulance.

MÉMOIRE

SUR LES

PREMIERS SECOURS A DONNER AUX BLESSÉS

SUR LES CHAMPS DE BATAILLE

PREMIÈRE PARTIE

CHAPITRE I

PARALLÈLE DE LA CHIRURGIE MILITAIRE DES ARMÉES AVANT ET APRÈS L'INVENTION DE LA POUDRE A CANON.

A toutes les époques de l'histoire, il est évident que l'on s'est préoccupé de ce danger couru par le blessé au moment de sa chute, car depuis les temps héroïques, il a toujours été question de retirer les blessés de la mêlée.

Ce soin est en effet de la plus haute importance, car les vides d'une armée se remplissent surtout utilement par des blessés légèrement atteints et guéris. Une armée serait bientôt épuisée si elle devait perdre définitivement tous ses blessés comme elle a perdu ses morts.

Les héros homériques, *les Grecs*, de tous les temps et de tous les lieux emportaient, pendant la bataille, leurs blessés sur leurs boucliers (1).

Il en était de même des soldats *romains*. Ce transport des blessés devait être facile alors relativement à ce qui se passe de nos jours, parce que les armes blanches ne frappaient que dans des combats corps à corps ; le premier rang seul combattait, et le guerrier qui tombait était enlevé par les soldats des rangs placés en arrière. Il est heureux, d'ailleurs, de songer que les secours étaient alors si faciles, parce que les plaies faites par l'arme blanche déterminaient des hémorrhagies bien plus imminentes et plus abondantes que celles qu'il est permis de craindre à la suite de nos plaies par armes à feu ; celles-ci, en effet, portent bien souvent, dans leurs conditions même de formation, leurs moyens hémostatiques.

Plus tard, on voit *l'empereur d'Orient Léon* créer le corps des *despotats*, espèces d'infirmiers militaires, chargés de recueillir les blessés sur les champs de bataille.

Au moyen âge, les combats s'engageaient entre un certain nombre de *lances*, et chacune d'elles avait pour entourage un corps de soldats, bien moins destinés à combattre qu'à secourir le vrai combattant. C'étaient ces soldats qui tiraient les chevaliers, les lances, du milieu de la mêlée et les sauvaient des atteintes des pieds des chevaux, c'étaient eux qui les secouraient s'ils étaient blessés. D'ailleurs, nous devons faire remarquer que le harnais résistant de l'homme cuirassé était déjà par lui-même une assez importante protection contre ces dangers.

Il n'est pas inutile de faire observer que quelquefois on se battait littéralement sur le corps de l'homme que l'on tenait à protéger, et cela souvent sans grand danger pour lui, car, on le sait, l'homme armé n'était vulnérable qu'à certains défauts de la cuirasse (2).

(1) Tout le monde connaît les adieux de la mère spartiate en donnant à son enfant son bouclier ἢ σὺν, ἢ επι.

(2) A cette époque rien n'était difficile comme d'*achever* un blessé, le combattant vaincu était le plus ordinairement renversé, désarçonné par un coup de lance ou par un coup de masse d'armes. Dans le premier cas il n'était que séparé de sa monture, dans le second il était commotionné, étourdi ; en tout état de cause s'il restait gisant sur le sol c'était moins en raison d'une blessure que parce qu'il était con-

Mais la cuirasse et tous les autres moyens de protection devaient rapidement devenir illusoires lors de *l'invention des armes à feu*. Dès ce moment, la nature des blessures, l'insuffisance de la protection par une cuirasse, devait laisser peut-être l'homme aussi vulnérable que s'il était à nu. D'un autre côté, la protection des blessés devenait bien plus difficile, parce que nos batailles exposent à la fois tous les soldats d'une armée, et les protecteurs et les protégés, et les despotats et les blessés qu'ils relèvent.

De nos jours, on n'a pas trouvé de meilleurs moyens de protéger les blessés que de les enlever du champ de bataille et de les transporter plus ou moins loin dans les *ambulances* où ils reçoivent les premiers secours.

En suivant un ordre chronologique, on voit que le mode de protection s'est graduellement perfectionné jusqu'à nos jours, où l'on a réalisé, si nous pouvons ainsi dire, les moyens les plus heureux.

Mais que de lacunes encore, si nous nous plaçons au point de vue de la *protection immédiate* que nous réclamons.

Larrey faisait parcourir le champ de bataille par de lourds *caissons d'ambulance* chargés de recueillir les blessés. *Percy*, remarquant l'impossibilité où se trouvaient ces caissons de visiter tous les points du champ de bataille, de franchir les haies et les fossés, avait proposé de les remplacer par des infirmiers, nommés *despotats* aussi, qui devaient chercher les blessés et les emporter sur de légers *brancards*. Ces deux modes de transport étaient également insuffisants, les caissons ne pouvaient arriver sur toute espèce de terrain, les despotats

damné à l'impuissance de tout mouvement par le poids et les entraves de son armure. C'est alors que le vainqueur et sa suite se ruaient sur la *lance* désarçonnée et multipliaient leurs efforts pour donner au vaincu le coup de *grâce*. On cherchait les défauts de la cuirasse, on soulevait le gorgeret pour y introduire obliquement une *miséricorde*; on soulevait les plates qui recouvraient les régions de l'aisselle, des flancs et de l'aine, mais encore le poignard rencontrait-il un obstacle sous la cuirasse, c'était une cotte de mailles de *Milan*. Elle résistait à toutes les pointes, excepté au poignard allemand, lame à forme de pyramide triangulaire, dont les arrêtes étaient taillées en scie ou en lime et contre lesquelles l'acier ne pouvait lutter alors qu'il résistait à toutes les autres armes.

n'étaient pas assez nombreux, assez rapides, assez forts pour enlever tous les blessés, ils demeuraient pour le plus grand nombre sur le champ de bataille, exposés aux suites les plus funestes de leurs blessures, aux nouvelles insultes du combat, à l'isolement et à l'intempérie de l'air.

Ce n'était pas seulement pendant la journée de la bataille, mais encore pendant la nuit suivante, et, faut-il le dire, pendant plusieurs jours, que les soldats blessés demeuraient abandonnés sans secours.

Personne n'ignore que le lendemain de la bataille d'Austerlitz, Larrey faisait recueillir sur le terrain 400 tétaniques.

Pendant la campagne *de Crimée*, l'armée anglaise n'employait pas de moyens plus perfectionnés au commencement de la campagne, que ceux usités durant les guerres de l'Empire. Et voici ce qui en résultait : le lendemain de la bataille de l'Alma, la plupart des blessés anglais étaient encore sur le terrain. On était obligé de leur porter, sur la place même où ils étaient tombés la veille, des vivres, des couvertures, des médicaments, et c'est sur le lieu même que l'on procédait aux premiers pansements et aux opérations urgentes. Au bout de deux jours seulement, ces blessés étaient tous relevés, et encore était-ce grâce au concours de l'administration francaise, qui avait mis à la disposition de l'armée anglaise tous ses moyens de transports pour les blessés.

C'est qu'en effet, l'expérience acquise dans les batailles *d'Algérie* avait apporté un énorme perfectionnement à l'art de secourir très-rapidement les blessés sur le champ de bataille. C'est là que l'on a créé les *cacolets*, qui se transportent partout en dépit de tous les accidents de terrain, et qui joignent à ce premier mérite celui d'une très-grande célérité.

Aussi, le soir de la bataille de l'Alma, *tous* les blessés Français avaient été relevés et transportés aux ambulances, et le lendemain matin ils étaient déjà embarqués (sauf les cas de blessures très-légères), pour être dirigés sur Constantinople, évitant ainsi à l'armée l'embarras des ambulances permanentes, et le voisinage dangereux des foyers d'épidémie.

Assurément, ces résultats sont de plus en plus satisfaisants; il serait impossible de nier que nos soldats reçoivent des secours plus prompt et plus efficaces qu'à l'égard des guerres du premier empire où cependant on avait dû multiplier à coup sûr tous les moyens les plus efficaces pour l'enlèvement et le secours des blessés.

CHAPITRE II

C'EST LE SOLDAT LUI-MÊME QUI DOIT ÊTRE SON PREMIER CHIRURGIEN EN ATTENDANT L'ARRIVÉE DES SECOURS.

Après tout, nous ne saurions être complètement satisfait des moyens mis en usage de nos jours, non pas sous le rapport de leur activité et de leur facilité, mais au point de vue de la possibilité de leur exécution.

L'enlèvement des blessés est possible lorsque les blessés ne sont pas nombreux. Une colonne expéditionnaire, en *Algérie*, se compose d'un petit nombre d'hommes, elle ne doit point s'attendre à être décimée, elle peut sans inconvénients emmener avec elle le nombre de cacolets suffisants pour les plus désastreuses prévisions; enfin, les combats sont des escarmouches ou des embuscades, les blessés ne tombent que les uns après les autres, mais non pas par masses comme dans les batailles rangées. En raison de toutes ces conditions, il est impossible de supposer qu'un blessé demeure longtemps sans secours sur un tel champ de bataille.

A la bataille de l'Alma, la perte totale de l'armée française fut de 1,039 tués et blessés, et il est bien aisé de comprendre que les blessés derniers aient pu être facilement recueillis par l'énorme matériel et personnel d'ambulance, préparés pour de plus graves éventualités.

Mais il n'est pas douteux et cette pensée ne saurait échapper à personne que les choses ne sauraient toujours s'accomplir avec la même facilité et le même bonheur.

En effet qu'il s'agisse d'une de ces grandes batailles de

l'Empire où l'on comptait de 10 à 20 mille tués et blessés, dispersés sur un terrain de 2 à 3 lieues d'étendue. Jamais le matériel le plus complet ne saurait suffire aux exigences d'un pareil désastre. Ce n'est plus dans un transport problématique que le blessé peut espérer son salut, c'est dans des précautions de protection nouvelle immédiate et sur place qu'il doit en trouver les premières conditions.

Il y a plus, ce n'est pas dans l'intervention chirurgicale que le soldat peut alors prétendre trouver ses premiers secours, c'est *dans ses propres efforts*, c'est dans un travail d'*intelligente prévoyance*, sur la nature duquel nous nous réservons de revenir.

Autrement il faudrait une armée de chirurgiens secondée par une armée d'aides, et encore n'est-il pas sûr que cela pût suffire.

CHAPITRE III

IL FAUT QUE DANS L'HABILLEMENT DU SOLDAT ON SE PRÉOCCUPE DE LA PERSPECTIVE DES BLESSURES ET DE LA TRANSFORMATION DE L'ÉQUIPEMENT EN APPAREIL DE PANSEMENT.

La cravate et le mouchoir nous l'avons dit, et M. Mayor de Lausanne l'a démontré, jouent le premier rôle dans les pansements improvisés.

Le sac, la coiffure, la chaussure, offriront quelques attelles de cuir ou de carton. Les courroies du sac, les jambières du pantalon, fourniront les liens et les bandes.

Dans l'épaisseur de l'habit, on mettra comme suivant l'usage, de la filasse, on aura ainsi des plumasseaux tout trouvés. Nous avons vu à Londres les anglais se servir très-volontiers dans leurs hôpitaux de la filasse comme moyen de pansement; mais elle est trop grossière et bien douloureuse. Cependant le pansement est temporaire comme cette douleur, il n'y a pas lieu de se préoccuper ici de ces inconvénients.

M. Mayor, fait le plus grand éloge du coton et le disculpe des accusations qu'on lui adresse d'envenimer les plaies. Si donc les doublures étaient rembourrées de coton on pourrait s'en servir à propos.

Le matin d'une bataille prévue, un ordre du jour prescrirait donc utilement l'équipement suivant :

On prescrirait à chaque soldat de porter des bandes enroulées autour de la ceinture, pas trop longues et modérement serrées. Elles ne gêneront pas ainsi la respiration ; elles maintiendront des cardes de coton. Cette carde et ces bandes ainsi disposées panseraient les blessures et souvent aussi préviendraient les coups ; on sait combien de fois les balles qui eussent traversé des plans durs et resistants se sont arrêtées dans l'épaisseur des tuniques doublées de coton.

La marche ne sera pas bien gênée par un lien circulaire autour de la partie inférieure des jambes, ni les mouvements par deux ou trois tours de bande au bras au-dessus du biceps. On sait au contraire que les athlètes placent dans ces régions comme aussi au poignet des liens circulaires qui servent comme de point d'appui aux muscles dans leurs efforts et renforcent, en tout état de cause, les grands revêtements nacrés qui couvrent les muscles et leur servent de gaine et d'insertions. (1)

Nous demanderions quelques tours de bandes dans ces régions athlétiques.

Le sac du soldat pourrait contenir et contient souvent : 1° un petit flaçon de chloroforme 6 grammes, 2° un autre de laudanum 2 grammes, 3° un autre de perchlorure de fer 8 grammes; en vue des hémorrhagies, on en imbibe un peu de coton et on bouche la plaie avec ce tampon, 4° des bandes de diachylon larges de 0,10 et longues de 0,50 pour rapprocher le bord des plaies des membres, ce sera utile pour réappliquer et soutenir un lambeau, 5° des aiguilles à suture, 6° un étui à aiguilles qui servira en le passant sous une bande et en le tournant ainsi placé, du

(1) Cette pensée mérite d'être au moins examinée. Les soldats russes blessés en Crimée portaient souvent sous l'uniforme des moyens de pansement.

bâtonnet, du garrot pour les hémorrhagies, 7° une lancette, 8° du fil *ciré* solide, 9° un petit disque d'éponge ficelée dite préparée, du volume et de longueur de l'étui seulement, 10° une pelotte de ficelle, 11° un bistouri. Avec ces petits instruments si légers, si utiles, tenant si peu de place un soldat peut sauver sa vie, un ami porter des secours efficaces, et le chirurgien a sa trousse préparée et son pansement fait dans le sac de chaque blessé et n'est pas exposé à avoir épuisé trop tôt ses ressources personnelles.

Au côté du soldat pendra une *gourde* contenant une infusion de café relevée avec 30 grammes de cognac pour 250 grammes d'infusion. Ce mélange réveille dans les saisons froides, soutient les forces dans les saisons chaudes et peut servir à laver les plaies, à imbiber le coton ou la charpie qui les recouvre.

Le bâton et une toile de campement seront utilisés comme attelles et bandages. Mais au moment de l'action le soldat a souvent jeté son sac. C'est donc dans les poches de côté de l'habit lui-même, multipliées à cet effet, que les plus importants de ces objets seront glissés.

§ 1er. — École chirurgicale du soldat, ou tout au moins des sous-officiers, au point de vue des hémorrhagies.

Nous voudrions qu'il nous fut donné de faire d'une façon sommaire mais utile, cependant l'éducation du soldat au point de vue de l'hémorrhagie, il ne s'agirait pas ici de l'initier aux connaissances si nombreuses et si intimes qui constituent la science, il s'agirait, tout simplement de vulgariser pour son esprit, en vue des dangers à venir, les applications pratiques des principes généraux et raisonnés de la science. Il faudrait apprendre au soldat à mettre en usage pratique, par instinct tout pur, les procédés de traitement acquis par l'expérience et la réflexion. Nous ne saurions nous dissimuler qu'il faudra que le militaire opère sans savoir l'anatomie ni la physiologie nécessaires, au moins il agira d'après des données très-simples. Cela n'exclurait pas un certain degré de raisonnement et d'initiative de sa part, mais qui ne saurait d'ailleurs sortir du cercle restreint et suffisant tout à la fois qu'on lui aurait tracé.

On ne saurait en douter, le soldat prendrait un vif intérêt à cet enseignement, le sentiment de la conservation personnelle saurait donner à cette étude le plus grand attrait. Il n'y a pas un homme que l'on ne puisse par l'habitude rompre à la théorie et au maniement des armes, pourquoi ne pourrait-on rendre le même individu attentif à une étude dont l'intérêt est bien autrement immédiat et personnel? (1)

(1) D'ailleurs il ne s'agirait pas de lui enseigner des faits nombreux et difficiles, il faudrait seulement faire comprendre que dans une blessure, l'hémorrhagie qu'il faut redouter et combattre, ne vient pas de tous les points de la plaie mais qu'elle prend sa source dans un endroit fort limité. On ferait voir expérimentalement que le sang s'écoule de ces tuyaux qui battent, on les lui apprendrait à connaître sous le nom d'artères. Il faudrait prouver ensuite que ces conditions observées dans la plaie unique soumise à l'étude, se rencontrent avec une complète identité dans toutes les plaies imaginables et l'on aurait ainsi créé par ces notions simples des principes faciles à comprendre et impossibles à oublier.

L'indication du traitement, soit par la compression directe sur la blessure ou par la compression sur le trajet de l'artère dans un lieu plus rapproché du cœur se déduirait de là avec une grande simplicité. Il nous semble difficile de croire qu'un homme fut incapable de saisir des vérités aussi élémentaires, tout au contraire, nous croyons que le soldat trouverait lui-même facilement quelques idées à ajouter aux notions simples qu'on lui aurait données.

Notre désir aurait été d'essayer nous-même ou de voir essayer par de plus dignes cet enseignement, d'ajouter cette nouveauté utile aux connaissances pratiques données au soldat. Nous serions heureux de créer cette innovation sans précédent. Nous savons bien que la chirurgie militaire n'a reculé devant aucun labeur pour assurer aux blessés les secours et les soins les plus rapides, que les chirurgiens militaires s'exposent aux plus grands dangers sur les champs de bataille pour parer au plus tôt au danger des grandes hémorrhagies, mais nous savons aussi qu'ils ne peuvent se multiplier pour donner leurs soins partout à la fois, que les hémorrhagies sont immédiates et promptement mortelles et en somme puisqu'il n'y a que le blessé lui-même qui puisse être à l'instant même son propre sauveur, il n'y a pas à hésiter sur la nécessité de lui donner *tout juste* le degré d'éducation chirurgicale dont il a nécessairement besoin. Si notre pensée était accueillie avec faveur nous croyons qu'il serait facile d'établir un enseignement réglementaire dans chaque régiment. Un nombre très-limité de leçons serait nécessaire, on y joindrait quelques expériences et on démontrerait par des applications pratiques, la facilité du traitement et l'incontestable résultat de son application. Si l'on nous de-

§ 2e. — Programme d'un cours élémentaire à faire avant la guerre, aux soldats, sur la meilleure manière d'arrêter rapidement eux-mêmes ou entr'eux une hémorrhagie mortelle.

Sur les Hémorrhagies :

Du sang. — Sa fonction, son importance. — Ses deux espèces : le rouge, le noir, leurs différences de nature, de propriété, de manière de couler. — De l'hémorrhagie qui coule en bavant, de celle qui coule par jet, causes de ces deux modes d'écoulement, circulation continue et régulière dans les veines, d'où *jet continu*. — Circulation saccadée dans les artères et cependant continue, d'où *jet continu* avec renforcement. — Nature des artères et des *veines*, origine et terminaison. — Des moyens d'union des artères qui finissent avec les veines qui commencent. — Ce qu'on appelle les vaisseaux capillaires. — Genre d'hémorrhagies qu'elles fournissent.

Du corps de pompe qui pousse toutes les colonnes du sang, du cœur, démontrer que son jeu est celui de la pompe aspirante et foulante, sa place.

Rapports du cœur avec la face antérieure de la poitrine. — Siége des gros vaisseaux. — Comment ils occupent le côté le moins exposé aux coups, soit aux membres, soit au tronc, leur siége à la face interne de la longueur du membre, et dans le sens où les jointures se plient. — Utiliser l'écorché du docteur *Auzoux*, les planches et les dessins au tableau. — Une hémorrhagie étant donnée, trouver sa nature et son point de départ.

Traitement de l'hémorrhagie — du tamponnement — de la compression par les doigts, la fatigue qu'elle donne, les ménagements qu'il faut y apporter. — Comment la compression doit

mandait de formuler nos vues sur ce sujet voici le programme qui nous semblerait renfermer les matières essentielles à notre objet. Dans le but de montrer combien cet enseignement serait facile nous avons donné un précis des quelques leçons élémentaires qu'il faudrait faire et des matières que chacune d'elle devrait contenir.

être perpendiculaire au plan du vaisseau, sinon dangers de fuite des vaisseaux sous les doigts.

Choix du lieu de la compression ; de la compression directe et de la compression latérale, médiate, immédiate. — Préférer le passage du vaisseau sur un point où il croise un os. — Pour les hémorrhagies de la jambe, presser au milieu du pli de l'aine, dans le creux du jarret. — *Pour le bras*, abaisser fortement l'épaule, presser toujours en dedans du membre.

Des battements des artères, de leur cause, de leur utilité pour la recherche du point à comprimer, utilité de constater le degré de ces battements pour reconnaître si la compression est suffisante : si la compression est bien faite, les battements inférieurs devront s'arrêter. — Exception à cette règle. — Des communications des vaisseaux artériels inférieurs d'un membre avec les supérieurs, autrement que par les troncs principaux et directs.

Du perchlorure de fer — quand il est préférable : dans la bouche, le nez, pas de gros vaisseau blessé, mais déchirure d'une région très-riche en petits vaisseaux, son efficacité surtout pour les hémorrhagies veineuses ou des petits vaisseaux artériels. — Nécessité de compléter souvent son action par la compression. — Du garrot, sa composition, son emploi. — Des cas où il est le plus indiqué, son mécanisme, ses inconvénients, comment il peut momentanément augmenter la quantité du sang qui revient des extrémités, où faut-il appliquer le garrot, distinguer si l'hémorrhagie se compose du sang noir des veines, ou du sang rouge jaillissant des artères. — Si l'hémorrhagie est veineuse, utilité de la compression entre les extrémités des membres et la plaie, si elle est artérielle, nécessité de placer la compression entre la plaie et le cœur, douleur, gangrène, résultat possible des compressions trop serrées, trop prolongées.

De l'arrêt de l'hémorrhagie par *tamponnement*, mode d'exécution : 1o introduction d'un linge fin dans le fond de la plaie, 2o dans le linge poussé en doigt de gant, introduction de boulettes de coton, charpie etc., d'où facilité de retirer le tampon, bander ensuite *doucement* la plaie.

Influence de la chaleur sur les plaies saignantes, comment elle ramène l'hémorrhagie suspendue.

Nécessité du froid de l'eau, de la neige, *continuellement* appliqués. — Si la ligature a été faite par le chirurgien, du danger de tirer sur le fil avant le quinzième ou vingtième jour.

De l'attitude, si la région est abaissée on facilite l'hémorrhagie, si élevée, l'hémorrhagie moins facilement reproduite, abondante, mécanisme de ces effets. — De l'utilité de desserrer les vêtements, utilité des bandages compressifs appliqués sur les membres au-dessous des compressions circulaires, gonflement douloureux évité. — Quelques EXPÉRIENCES faites sur les animaux *sous les yeux des auditeurs* et démontrant les faits énoncés dans le cours, montrer par des faits les diverses espèces d'écoulement de sang. — Faire de suite l'application des diverses méthodes de traitement de ces hémorrhagies. — Exercer quelques soldats eux-mêmes devant leurs camarades au pansement des animaux blessés, après les leçons, enseignement mutuel.

CHAPITRE IV

DES AMBULANCES.

On dit bien en général que les blessés sont relevés soit par leurs camarades, soit par des brancardiers (despotats), ou des infirmiers militaires et transportés en arrière de la ligne vers les ambulances volantes où ils reçoivent les premiers soins. Mais tout ne se passe pas aussi régulièrement. Dans les grandes actions militaires, quand il tombe des milliers d'hommes sur le champ de bataille, quand les armées ont manœuvré sur un terrain de plusieurs lieues d'étendue, les ambulances même volantes sont loin et c'est une fiction d'imaginer qu'il existe une *première ligne d'ambulance,* comme le disait Percy. Les blessés restent couchés sur le sol, ils y peuvent passer la nuit et quelquefois plusieurs jours ; leur nombre est tel qu'il serait impossible de penser à les réunir. Alors ce ne sont plus les blessés que l'on dirige et que l'on fait converger vers les ambulances; ce sont les chirurgiens militaires qui se transportent et rayonnent partout; ils cherchent, trouvent les blessés, les pansent sur place et les laissent jusqu'à l'heure heureuse où un moyen de transport pourra les diriger sur un centre hospitalier.

C'est donc sous des formes variées et imprévues que se présentent au soldat blessé les premiers secours de l'art, et l'on pourrait dire que :

1° Quelquefois le chirurgien militaire se transporte lui-même sur le champ de bataille, le parcourt, visite les blessés et leur donne les premiers soins. — C'est quand le champ de bataille est étendu, le nombre des blessés considérable, les ambulances préparées insuffisantes; c'est aussi quand la lutte continue et s'oppose à l'enlèvement rapide et au transport des blessés. — C'est en un mot quand les préparatifs et les prévisions sont accidentellement dépassées et rendues insuffisantes par les proportions gigantesques de la lutte.

2° Quand, au contraire, les proportions de la bataille ne sont pas exagérées, les blessés sont, à mesure, retirés des rangs par leurs camarades placés en arrière de la ligne, et plus ou moins longtemps après, recueillis et transportés à la première ligne d'ambulances sédentaires.

Les secours portés aux blessés immédiatement par leurs camarades, sont utiles, sans doute, pour les victimes, mais portent aussi à coup sûr un préjudice grave à l'ordre déjà trop troublé des rangs, en outre, cette sorte de désertion humanitaire enlève à l'armée des combattants qui le plus souvent ne regagnent pas la ligne, ils sont perdus pour la bataille.

C'est là un inconvénient grave qui doit éveiller l'attention et pousser à interdire au soldat valide le droit de quitter son rang sous le prétexte de secourir les blessés.

Il faut donc remplacer ces secours si dangereux pour l'ordre par l'organisation d'un corps d'infirmiers suivant chaque régiment et composé en général des plus braves. Ceux-là formeront comme une réserve qu'on sera toujours sûr de ramener au feu quand leurs fonctions urgentes, mais temporaires, auront cessé.

Des caissons façonnés sur le modèle de ceux du train des équipages, légers et bien attelés, chargés de caisses remplies des objets de pansement, peuvent, au nombre de dix, suivre une division sans la gêner; au retour, les soldats d'ambulances les suivront facilement et en formeront l'escorte, les blessés y pourront prendre la place des objets de pansements qui les auront soulagés.

Les mulets, les chevaux de bât, ne sont pas indispensables en plaine ; dans les montagnes ils sont de toute nécessité.

Le choix du lieu où devra s'établir l'ambulance, n'est pas sans difficulté, il exige de l'ombre, de la paille, de l'eau et un abri, un pli de terrain qui permette d'être au milieu de l'action et à couvert des projectiles directs. Il importe de faire connaître immédiatement aux chefs de corps l'endroit choisi, les chefs à leur tour en informent le corps des infirmiers du régiment. Les blessés s'y dirigent ou y seront transportés s'il est possible. Il sera donc bien utile que les ambulances soient placées le plus près possible de la ligne de bataille, et munies de signaux distinctifs qui les indique à première vue. Un drapeau rouge devra les surmonter et servir de point de ralliement.

Faut-il disséminer les chirurgiens le long des lignes de bataille afin qu'ils puissent y secourir les blessés à l'instant de leur chute? Le chirurgien ne saurait porter avec lui séparément les pièces de pansement suffisantes même les plus simples, il risque alors par son isolement de ne pouvoir opérer que des débridements légers, les opérations plus importantes exigeant une réunion d'aides que l'isolement des chirurgiens disséminés au milieu de la mêlée exclut absolument. Cela est si vrai, qu'il sera souvent utile que les chirurgiens des régiments se réunissent à leurs collègues des ambulances pour concourir directement ou non aux opérations qui abondent; ils pourront ensuite utilement regagner leurs régiments s'ils viennent à faire quelques évolutions, ou à subir quelques pertes.

Les premiers appareils contenus dans les caisses devront être fort légers parce que, s'ils étaient trop lourds, trop chauds s'ils étaient bourrés de charpie, ils blesseraient et favoriseraient le développement rapide des inflammations traumatiques. Il ne faudra donc pas préférer les appareils étroits. On se pénétrera de cette idée, que la tuméfaction de la région blessée ira au-devant de l'appareil pour augmenter la constriction, la rendre intolérable et en nécessiter l'enlèvement rapide par les mains du blessé lui-même obligé de se dépouiller de ce prétendu secours. Il est bon de préférer à cet effet, les bandes agglutinatives aux appareils préparés à l'avance en forme de moules. Les premières maintiennent bien mieux les parties même quand elles sont moins serrées. De plus, on peut disposer ces bandes agglutinatives obliquement, sans que les bouts se croisent et s'appliquent l'un sur l'autre ; la circulation en retour est ainsi facilitée et le gonflement des membres prévenu.

CHAPITRE V

MESURES QUI POURRAIENT SATISFAIRE AUX BESOINS DE RÉFORME DANS LE SYSTÈME ACTUEL DES PREMIERS SOINS.

Les blessés sont aujourd'hui relevés et ils reçoivent les premiers secours par des moyens dont on peut résumer ainsi la critique.

1° Les soldats non blessés sortent des rangs pour relever leurs camarades blessés, les porter aux ambulances. Ils sont ainsi perdus pour la lutte engagée.

2° Ce secours immédiat aux blessés par leurs camarades étant facultatif peut manquer.

3° Le nombre des infirmiers chargés spécialement de donner les premiers secours est insuffisant. Ces infirmiers ne sont pas mêlés aux rangs et par suite ne peuvent être prêts assez tôt pour relever un blessé.

4° Ils ne sont pas assez complétement équipés, pas assez instruits dans les éléments pratiques de leurs fonctions pour donner efficacement les premiers secours.

Les points défectueux une fois signalés, les modifications à établir naissent d'elles-mêmes.

Le corps des infirmiers serait augmenté.

Derrière chaque compagnie seraient placés cinq soldats infirmiers, au moins.

Ils obéiraient à des chefs spéciaux pour leurs services d'infirmiers et rentreraient sous les ordres des chefs militaires de leurs corps dès que leurs fonctions temporaires n'auraient plus de raison d'être.

Le chef des infirmiers d'un régiment devrait, pour le choix du lieu où les blessés seraient déposés, prendre l'avis du commandant en chef responsable.

Le chef des infirmiers de chaque régiment devrait faire connaître à ses confrères de l'armée le point ainsi choisi pour le dépôt provisoire des blessés, comme aussi la place désignée pour l'établissement des ambulances volantes.

Le sac de chaque soldat infirmier contiendra :

Perchlorure de fer 10 grammes, charpie 500 grammes, axonge 30 grammes, chloroforme 6 grammes, une paire de ciseaux, une lancette, un bistouri, une pince à ligature, des fils cirés, des bandes taillées d'un mètre de long et de 0,10 de large, deux bandes de toile ou coton de 3 mètres chacune et large de 0,06.

Le tout, sans tenir compte du contenu de la boîte dont les infirmiers font aujourd'hui si habilement la manœuvre, mais qui n'est pas assez multipliée.

Les bâtons et les toiles de campements que portent les autres soldats seront changés pour les soldats infirmiers, de manière à se transformer en brancards.

La toile sera taillée en rectangle, longue de 2 mètres, large de 1 mètre.

Les bords seront garnis de larges et forts anneaux de fer où s'introduiront les bâtons.

Ces bâtons seront forts, à l'épreuve du poids habituel d'un homme, et d'une longueur de 3 mètres; ils pourront être divisés à leur milieu, et munis de moyens d'articulations à volonté.

Ces soldats infirmiers seront chargés surtout des premiers

secours en attendant l'arrivée des chirurgiens. Ils porteront les blessés à l'ambulance, et là les déposeront entre les mains du service des ambulances proprement dit.

Ce service des ambulances n'aura pas à s'occuper du premier transport des blessés.

Chaque soldat infirmier devra connaître, par des leçons préalablement reçues, la manière d'arrêter une hémorrhagie et d'immobiliser un membre.

Ils serviront de moniteurs aux autres soldats, qui devront tous connaître le même traitement des hémorrhagies.

Le nombre actuel des cacolets sera augmenté.

Ils seront dirigés spécialement vers le point de dépôt provisoire des blessés. Ce sont eux qui feront le transport aux ambulances.

Chaque cacolet sera muni à l'avance d'un vase en métal contenant quantité suffisante d'eau pour arroser le pansement du blessé pendant la route.

Des fourgons suspendus, et contenant des lits suspendus aussi, et à l'abri autant que possible des secousses violentes, seront eux-mêmes munis du même moyen. Des tubes en caoutchouc, partant du bas du vase, pourront mettre l'eau à la portée des blessés les plus éloignés du point du fourgon où le réservoir d'eau sera fixé.

CHAPITRE VI

NE POURRAIT-ON PAS FAIRE SUR LE CHAMP DE BATAILLE, AVANT OU PENDANT LE COMBAT, AVEC L'ASSENTIMENT ET SUR L'AVIS DU COMMANDANT, DES FOSSÉS BORDÉS DE TALUS OU LES BLESSÉS SERAIENT A L'ABRI DU FEU DIRECT ET DES MANŒUVRES.

C'est sur le terrain même du combat que le blessé doit trouver ses premiers moyens de protection. Voici le moyen aussi efficace que facile à exécuter que nous proposerions, et que les généraux pourront permettre sans nuire aux manœuvres.

Le lieu du champ de bataille peut être indécis, puisque les rencontres se font quelquefois à l'improviste, comme par surprise ; mais le plus souvent quelques moments avant que l'action devienne générale, il est permis d'embrasser d'un coup d'œil toute l'étendue de terrain que devront défendre ou attaquer les soldats valides qui tout à l'heure seront blessés.

Ne serait-il pas possible alors d'élever à peu de distance en arrière de la ligne des combattants, et dans un point si défavorable aux manœuvres, qu'elles ne puissent être gênées en rien par ces ouvrages, des talus ou *épaulements* en terre capables de résister aux boulets, et derrière lesquels on pourrait provisoirement déposer les blessés. Il ne faudrait pas considérer cette proposition comme au-dessus de toute réalisation. L'exécution en serait facile et rapide. Dans un terrain meuble, rien n'est plus aisé et plus expéditif que de faire opérer des mouvements de terre, lorsqu'on peut disposer d'un nombre considérable de bras d'ailleurs inoccupés. Les soldats de César élevaient un camp retranché capable de protéger 10,000 hommes, et cela dans l'espace d'une nuit.

Dans les villes assiégées, les femmes et les enfants *réparent une brèche* en quelques heures. En très-peu de temps, dès le debut d'une action, ne voit-on pas les artilleurs élever des *épaulements* de 2 mètres de hauteur, et de 3 mètres d'épaisseur, munis de leurs embrasures pour établir à la hâte des *batteries de position*. Sans doute le terrain, comme en Crimée, peut être composé de masses calcaires siliceuses, capables de résister longtemps aux efforts de la pioche. Mais il ne s'agit pas ici comme devant une place assiégée (Sébastopol), de suivre des lignes de *circonvallation* invariablement fixées par le génie, il est loisible de choisir le terrain à une distance de 50 ou 100 mètres près dans un point où se trouveront quelques veines de terre meuble. Enfin, n'a-t-on pas la ressource des *gabions* et *des sacs à terre* et des fragments de pierre, qui deviennent en peu d'instants des matériaux de talus protecteurs.

Les troupes étant sur le terrain, et dans la position qu'elles doivent définitivement occuper, au moins au commencement du combat, on pourrait dans chaque bataillon ou régiment faire exécuter cette espèce de rempart. Les 30 hommes d'élite qui suivraient chaque régiment seraient spécialement chargés de ce travail. Ces hommes, armés de pelles, de pioches, de sacs à terre, se portant en arrière de la ligne, à l'endroit qui leur aurait été désigné, creuseraient le sol en pente douce, et rejetteraient la terre du côté qui fait face à l'ennemi; la hauteur de l'épaulement serait constituée non-seulement par le talus de terre déplacé, mais aussi par la profondeur du fossé ainsi pratiqué. Les dimensions à donner à cet ouvrage seraient déterminées par une prévision bien connue en chirurgie militaire, *celle d'un blessé sur dix combattants.*

DEUXIÈME PARTIE

Le blessé est tombé, il est seul ; secours qu'il peut se donner à lui-même et comment il peut arrêter une hémorrhagie mortelle.

C'est au blessé qu'il faut parler. Il peut et doit lui même sauver sa vie menacée par la perte de son sang ; voici comment : Son premier moyen sera la compression avec ses doigts.

Le second sera la compression à l'aide d'un corps étranger qui se trouvera sous sa main.

Le troisième consistera dans une sorte de garrot, de tourniquet qu'il improvisera avec un mouchoir une pierre et un bâtonnet.

Le quatrième sera le tamponnement de la plaie.

Il complètera l'action de ces moyens par des aspersions d'eau froide 1° Le blessé saura trouver les battements des vaisseaux ; il aura été exercé à cette manœuvre pendant le repos ; il se rapellera que les gros vaisseaux artériels des membres siégent dans la région la moins exposée aux violences, c'est-à-dire en dedans. Au niveau des jointures, il n'oubliera pas que le tronc artériel est placé du côté où ce membre se fléchit. Il s'occupera de suivre la ligne des battements du vaisseau jusqu'à la rencontre d'une surface osseuse. Là il pourra comprimer.

La compression faite sur le vaisseau qui bat et au niveau d'un os s'exercera par le moyen des quatre doigts réunis ou du pouce isolé *d'eux. Avec les quatre doigts* : on les rangera sur une même ligne. Les quatre bouts des doigts seront placés au même niveau, les quatre doigts porteront ainsi tous ensemble sur la ligne du battement. Le pouce embrassera le membre du côté opposé à l'artère ainsi trouvée et comprimée.

3. *Le pouce* ne sera pas placé comme les doigts, ceux-ci se rangent d'après une ligne qui suit la direction de l'artère. Le pouce redressé la face molle de la dernière partie du pouce pressera le vaisseau qui bat, en *croisant sa direction*. Les doigts seront placés au côté opposé du membre ou bien fermés. Ainsi fermés ils formeront le poing dont le poids et la solidité servira de point d'appui et de renforcement au pouce qui comprime. C'est surtout avec le pouce que la pression doit être faite par le blessé sur lui-même. Les doigts sont plus difficilement appliqués surtout aux bras. Aux bras la compression doit être faite à gauche par le pouce droit et réciproquement aux cuisses. Le pouce ou les doigts seront plus aisément choisis et appliqués alternativement aux cuisses, c'est au contraire avec la main du même côté, et les quatre doigts de ce côté que la compression s'opérera avec plus de facilité et de sûreté.

4. Rien n'est épuisant de fatigues comme la compression d'une artère. Il faudra donc bien ménager ses forces; autrement elles seraient insuffisantes, et l'hémorrhagie reprendrait faute de compression avant l'arrivée des secours.

5. Comment apprécier si la compression est assez forte pour arrêter le sang en effaçant le creux du canal et si elle est assez légère pour ménager les forces.

On arrive à ce but en pressant doucement la ligne qui bat au-dessus de la blessure et en cherchant au-dessous vers l'extrémité du membre une autre ligne artérielle qui batte aussi, quand on sent bien les deux battements l'un supérieur, l'autre inférieur à la plaie ou augmente doucement et progressivement la compression d'en haut. Insensiblement les battements d'en bas diminuent, quand ils ont cessé on peût et doit arrêter la force de la pression supérieure au degré qu'elle avait quand les battements inférieurs ont cessé (1).

(1) Cependant il est bon de savoir que généralement quand les artères sont blessées et que la blessure donne lieu à une hémorrhagie sérieuse, les battements de l'artère sont suspendus au-dessous de la plaie ou tout au moins affaiblis et difficiles à sentir. Donc on fera surtout une compression immédiate très-près de la plaie en même temps qu'au-dessus et au-dessous.

6. D'ailleurs on ne peut savoir bien souvent si la compression faite exclusivement au dessus de là plaie est assez forte par la quantité de sang qui coule. En effet l'écoulement qui persiste peut avoir d'autres sources que celles du vaisseau d'ailleurs bien fermé par la compression suffisante.

Voici les sources et les causes de persistance de l'hémorrhagie :

A. — Au-dessus du pouce qui ferme la lumière du vaisseau, il naît quelquefois un autre canal qui va en échappant la compression, conduire du sang au bout inférieur de l'artère coupée. Le sang vient alors de bas en haut et non plus de haut en bas.

Indications qui en résultent : Comprimer les deux bouts du vaisseau coupé, le supérieur et l'inférieur à la fois au-dessus et au-dessous de la plaie. — Tamponner la plaie en même temps si la douleur le permet en la bouchant par la filasse ou la charpie placée en réserve sous la doublure du vêtement. — Enfin, si les forces le permettent comprimer la ligne de battement du vaisseau au-dessous comme au-dessus de la plaie.

B. — En comprimant l'artère du gros vaisseau qui bat au-dessous de la plaie et qui contient du sang allant du cœur à la main et aux pieds, on en presse une autre, la grosse veine du membre. Cette veine contient du sang revenant du pied et de la main au cœur, on arrête donc du même coup deux courants, l'un fournissant les 4/5e du sang de l'hémorrhagie, c'est le sang du gros vaisseau qui bat et va du cœur à la main au pied, l'autre fournissant le dernier cinquième, c'est le sang qui revient noir de la main et du pied au cœur. — Ce sang qui revient coulera toujours malgré la compression sur l'artère et même à cause de cette compression au-dessus de la plaie qui presse en même temps la veine. Au cou la grosse artère et la grosse veine d'un membre sont presque toujours côte à côte. Mais le sang qui revient coule en bavant comme tout sang né des veines et non plus par *jets saccadés* comme dans toute la section des artères.

C'est donc encore un motif d'invoquer le tamponnement et la compression au-dessous de la plaie. Quand une main se fatigue de la compression, il est bon de presser sur les premiers doigts déjà placés, avec les doigts ou le pouce de l'autre main. La force déployée ne part plus alors que de la deuxième main la première se repose et ne fait que servir de tampon, puis la première reprend à son tour son action utile, et toujours ainsi sans rien déranger de la position adoptée tout d'abord.

8° La compression sera faite dans une direction perpendiculaire au vaisseau et à l'os qui le supporte dans le point choisi, c'est-à-dire, que le vaisseau une fois trouvé en appuiera sur lui comme pour l'écraser ou pour l'enfoncer profondément. Il ne faudra pas presser sur un côté du cordon du vaisseau, car il roulerait bien vite de l'autre côté et le sang coulerait toujours. — On pressera bien au milieu de la ligne de battement et sans pousser ni à droite ni à gauche, ni en dedans, ni en dehors, mais d'aplomb d'avant en arrière.

9° Quelquefois, tout à coup le sang jaillira de nouveau, on ne doit pas alors redoubler d'effort. Ce n'est pas la force qu manque, c'est la pression qui est déplacée. Il faut chercher de nouveau, tranquillement, la ligne des battements et recommencer la pression douce, progressive et *ménagée.*

Quelle que soit la fatigue des doigts, on continuera la pression jusqu'à l'arrivée du secours définitif, ou jusqu'à ce que la main qui ne fait pas la compression ait saisi ce qui se trouve autour d'elle pour faire un tourniquet ou un tampon.

Du Tamponnement.

1° C'est là un moyen facile, élémentaire. Cependant il n'est pas aussi bon que la compression. Celle-ci exige un peu d'apprentissage, le tamponnement n'en exige pas. Mais les doigts seuls ne font jamais défaut, ils sont plus rapides. Un geste seulement et le sang peut s'arrêter.

Le tamponnement n'est autre chose, après tout, que la compression avec les doigts, comprimant eux-mêmes un tampon. Le tamponnement ne vaut pas la compression parce qu'il est plus douloureux, puisqu'il s'adresse directement à la plaie ; mais c'est un moyen précieux dans le cas où l'on n'a pu trouver la place occupée par le vaisseau.

Le *tamponnement* s'adresse à une plaie des membres ou du tronc.

La plaie est faite par un instrument tranchant, piquant ou par les projectiles.

Les plaies d'instruments tranchants; elles sont régulières, la compression est facile. Le blessé pose une main à plat sur la plaie pendant que l'autre main recueille la filasse, la charpie de ses vêtements, l'herbe, la mousse du sol. On les place en suivant la longueur de la plaie le plus profondément possible, on forme ainsi un tampon en forme de coin, dont le bout pointu regarde le centre du membre et le bout large dépasse de quelques centimètres de 0,06 à 0,10 la surface de la peau. Le plein du mouchoir et de la cravate est placé sur la surface large et libre du coin et par un ou deux tours on serre puis on noue les deux bouts solidement et la compression est faite.

4. C'est un *projectile* plus ou moins volumineux qui a traversé le membre ou bien qui s'est frayé une route jusqu'à l'os en le brisant (1).

Le tamponnement toutefois, exige alors plus de soin : prendre un mouchoir, le placer au devant de la plaie, le mouiller de salive pour le rendre plus glissant, enfoncer le mouchoir avec un corps long et étroit, le doigt si c'est possible, donner ainsi au mouchoir la forme d'un doigt de gant, que la profondeur en soit égale à celle de la plaie si la direction de la plaie et sa largeur le permettent, remplir ensuite ce doigt de gant avec des boulettes de charpie, de filasse ou de coton, de papier mâché d'une grosseur proportionnée à la largeur de la plaie et d'autant plus petites qu'elles seront les premières introduites. Puis la plaie une fois remplie on procédera comme dans le cas précédent.

Ceci est essentiellement applicable à l'hémorrhagie naissante des parois d'une cavité où le tamponnement pourrait être plongé trop profondément et retiré plus tard trop difficilement, et enfin causer, dans tous les cas, des accidents immédiats.

(1) Il faudra se conduire de la même manière si le vaisseau n'a pu être trouvé par le blessé.

Si du perchlorure de fer avait été placé dans le sac du blessé (1), on pourrait en imbiber la charpie très-utilement, dans les cas d'*hémorrhagie* baveuse surtout.

De l'arrêt de l'hémorrhagie par le garrot du tourniquet.

Avant de songer au pansement le blessé doit avoir sous la main à sa portée, une pierre ou quelques balles qu'il noue dans son mouchoir au milieu et d'un bâtonnet, d'une petite branche ou de l'étui à aiguilles que contient son sac. Le blessé cherche la ligne de battement *entre la blessure et le cœur*, là il pose bien exactement son nœud de mouchoir contenant des corps étrangers, les plis du mouchoir auront diminué leur dureté, le mouchoir fera le tour du membre et fera même un tour double; les pointes seront nouées alors au dessus de la pelotte qui presse l'artère. Ensuite on passera, entre le nœud des deux bouts et la pelotte, le petit batonnet de façon que le mouchoir passe au milieu du bâtonnet, on fait tourner ensuite celui-ci en moulinet, on tordra le mouchoir sur lui-même, et le mouchoir devenu plus court à chaque tour du bâtonnet appliquera plus fort la pelotte du mouchoir sur l'artère.

Tous ces procédés sont suivis par l'emploi de l'eau dont on arrose les pièces de pansement, on calme ainsi les douleurs de la pression, on arrête un peu les hémorrhagies veineuses provoquées quelquefois par le garrot, on diminue enfin les chances d'inflammation dans l'avenir.

Hémorrhagie du tronc et de la tête. — Procédés par arrêter le sang.

1. Le blessé a été frappé *au visage*, le sang *coule de la joue*, comprimer sur le bord inférieur de la mâchoire inférieure juste en avant du muscle qui se tend et devient dur pendant l'action de mâcher. Il vaut encore mieux dans ce cas comprimer directement sur la plaie autant que possible au niveau et

(1) Comme l'ordonnance l'aurait prescrit.

dans la direction d'un os voisin résistant perpendiculaire à cet os.

2. La blessure est sur la *tempe* et sur le *côté du front*, le sang sort par jets ; comprimer en avant de l'oreille au devant et au niveau du tronc ou mieux sur la blessure.

Donc en règle générale pour les plaies du crâne et du visage, la compression n'a d'effet complet que si elle est exercée sur la plaie elle-même. Cela est utile parce que les vaisseaux de ces régions communiquent largement entr'eux par plusieurs artères. Il est impossible de les comprimer toutes à la fois.

3. Si la blessure a pénétré *dans le ventre*, l'écoulement du sang peut n'être pas visible au dehors et se faire dans l'intérieur.

Comprimer au niveau du nombril avec une pierre enroulée dans un mouchoir.

Pour faciliter la compression se placer sur le dos, la tête peu élevée, fléchir les jambes sur les cuisses et les cuisses sur le ventre, autant que cette attitude est possible sans fatigue.

4. La plaie occupe un *espace qui sépare* deux côtes. Introduire un petit bouchon de linge et non de charpie, de forme allongée qu'on attachera par un fil et qu'on introduira dans la plaie et que l'on ramènera contre la côte par un traction faite sur le fil.

Ce qu'il ne faut pas faire dans les hémorrhagies.

Il ne faut pas laver la plaie à moins qu'elle ne contienne des graviers, et on doit respecter les caillots déjà formés et ne pas les enlever ; ils sont à eux seuls les meilleurs bouchons des vaisseaux coupés. Éviter les mouvements, les respirations fréquentes, la toux, les efforts ; on s'abstiendra de trop boire et en une seule fois les infusions de café et de cognac de la gourde. Ces actes activent la circulation générale ou locale et augment les chances de l'hémorrhagie et les insuffisances des moyens employés pour la combattre. On ne doit pas oublier que plus le sang a coulé plus il a de facilité à couler encore ; parce que après les pertes de sang abondantes il se forme plus difficilement des caillots dans les plaies, et les caillots sont les premiers tampons naturels. Il faut donc se hâter d'arrêter le sang dès le commencement de l'hémorrhagie, mais il faut se hâter lentement. Cette lenteur n'enlève rien à la promptitude et augmente les conditions de calme et de sécurité dans l'exécution. D'ailleurs l'exposition à l'air de la surface d'une plaie, surtout par instrument tranchant, est un des premiers moyens de calmer l'hémorrhagie; mais cela seulement quand le sang coule des petits vaisseaux invisibles d'une plaie.

Le blessé ne doit pas oublier que le froid, les substances qui absorbent, les poils du sac, les substances qui resserrent, si par hasard elles se trouvaient sous sa main, sont des moyens utiles d'arrêter le sang ; ils complèteraient la série des procédés ci-dessus décrits.

D'ailleurs il faut que les blessés soient bien assurés que le danger d'hémorrhagie est d'autant moins grand que la blessure s'est faite par un mécanisme plus voisin de l'arrachement. Ces plaies par arrachement donnent pourtant une hémorrhagie, mais celle-ci ne se manifeste qu'au moment même qui suit la blessure. Les surfaces arrachées ne saignent donc pas longtemps ou ne saignent pas. On pourra donc attendre sans s'exposer aux douleurs de la compression.

TROISIÈME PARTIE

Le blessé n'est plus seul, ses camarades libres ou légèrement blessés ou les infirmiers sont présents. — Conseils sur la direction des secours.

CHAPITRE I

DOIT-ON ET COMMENT DOIT-ON DÉSHABILLER UN BLESSÉ.

Sans parler des objections tirées de la saison, il faut rarement déshabiller le blessé au moins entièrement, surtout quand il a perdu beaucoup de sang et avec lui de sa chaleur et de ses forces.

Vêtements du tronc.

On distinguera entre les plaies de balles et celles à l'arme blanche. — Les plaies de balles peuvent être doubles, la plaie de sortie peut exister, il est intéressant de la constater pour la panser aussi. — Dans ce cas, il est nécessaire de déshabiller complétement.

Vêtements des membres.

Pour eux comme pour le tronc, d'ailleurs, on pourra et devra plutôt découdre et découper les habits que de risquer des mouvements préjudiciables au succès du traitement futur.

Pendant cette manœuvre du déshabillement ou de la désarticulation des pièces du vêtement, il faudra toujours s'il s'agit d'un membre faire tirer sur la main ou le pied, d'où la fixité de la position, et l'immobilité qui s'oppose aux secousses.

S'il faut enlever le vêtement complétement, on commencera toujours par le membre sain, on sera moins exposé à torturer le membre blessé.

Toujours il faudra desserrer les liens, les vêtements qui facilitent les congestions et les hémorrhagies.

Il sera bon de faire un examen général, les coups de feu ne donnent quelquefois pas plus de douleur qu'un coup de bâton.

Il faudra pendant le déshabillement, placer les membres de façon que l'ouverture de la plaie soit le moins large possible, c'est-à-dire que si la plaie est à la face antérieure à la paume, il faudra affecter de fléchir les doigts et la main et les maintenir tels au moyen d'un mouchoir, quand les vêtements seront enlevés.

Les habits devront donc être faits surtout en vue de la nécessité de les découdre vite, sans douleur pour le blessé, sans perte considérable de temps.

CHAPITRE II

DE L'ATTITUDE A DONNER AUX BLESSÉS PENDANT LE PREMIER PANSEMENT.

Il faudrait pouvoir aisément séparer tout vêtement du corps en deux moitiés. Les manches qu'il faut tirer nécessitent des contorsions douloureuses, au contraire, par cette précaution elles sortiront facilement, sans changer la position du blessé quelle qu'elle soit. La couture des doublures sera donc parallèle à celle de l'étoffe principale. De plus cette couture de la doublure sera faite avec du fil, plus gros, avec des points plus écartés et dépendant les uns des autres, pour qu'en détruisant l'un des points les autres cèdent rapidement.

Il faudra laisser le blessé horizontal autant que possible et surtout s'il a perdu beaucoup de sang, alors cette position est d'absolue nécessité, cependant il y a quelque avantage à le placer de manière qu'il puisse voir le pansement, comprendre les mouvements qu'on veut obtenir de lui, et les attitudes qu'on veut donner à la région blessée. Les membres seront élevés autant que possible et placés dans la demi flexion, la situation de la blessure amène des indications d'attitude variées.

Si la blessure siége au pli du coude ou du jarret on fléchira le bras ou la jambe, on les étendra si elle est au coude et au genou.

La tête sera inclinée du côté correspondant au siége d'une blessure au cou ; à la cuisse, en arrière le segment inférieur à la jambe sera étendu et la cuisse fléchie sur la fesse. En règle générale, il faut que l'attitude soit conciliable avec le plus grand relâchement des tissus, à la cuisse en avant, flexion sur le ventre.

En résumé la règle est invariable : placer les régions du corps dans une attitude qui rende la plaie aussi étroite que possible, on les maintiendra fixées dans cette position s'il est possible.

On peut dire ici que la réunion des plaies d'arme blanche par première intention sera indispensable au visage pour éviter les hémorrhagies et les difformités. — Dans d'autres régions cette réunion est moins urgente, car le chirurgien doit s'adresser au plus pressé. Cependant l'urgence de cette réunion par première intention persiste si les os ou les tendons sont mis à nu.

Qu'il faille attendre le chirurgien et donner au blessé une attitude définitive, ou bien qu'on se mette seulement en mesure de déshabiller le blessé pour lui faire un pansement provisoire, les règles de l'attitude seront invariables. Nous dirons plus loin que si une plaie est située du côté de la flexion d'un membre, il faudra le fléchir.

Le malade sera couché tantôt sur le côté malade, si le danger d'hémorrhagie ne craint pas la déclivité et s'il y a fracture comminutive, le sol sert ainsi d'appareil de plan de support.

La plaie de poitrine exigera le silence absolu et l'absence de toux, on donnera l'opium à cet effet, il diminue la sensation du besoin de tousser ; tout effort sera interdit, il peut chasser les bouchons faits par les caillots et faciliter des hémorrhagies.

CHAPITRE III

DE L'ÉTAT GÉNÉRAL DE TOUT BLESSÉ ; DES PREMIERS SOINS INDIQUÉS PAR CHACUNE DES APPARENCES EXTÉRIEURES.

Du tremblement convulsif.

Celui-ci n'a rien de commun avec la peur. La valeur la plus héroïque est impuissante à dompter le tremblement qui suit les blessures par les armes à feu.

C'est que le système nerveux est profondément commotionné.

En 1849, en 1852, nous avons pu voir dans les rues de Paris, quelques blessés présenter ce tremblement général.

Ce phénomène dure de 24 à 30 heures.

Il n'est pas en raison directe de l'étendue des blessures et de l'importance des organes qui les portent, mais bien proportionné à la susceptibilité nerveuse personnelle du blessé et à l'exaltation que produit chez lui la bataille.

Le tremblement et les convulsions peuvent manquer, soit par suite des dispositions individuelles, soit par des influences extérieures : ces influences dépendent des circonstances tirées de la durée de l'action antérieure à la blessure, des dispositions générales atmosphériques, de l'insuffisance, ou au contraire des excitations alimentaires et autres.

Toutes ces considérations changent le jugement à porter sur l'état nerveux du blessé, elles modifient également les moyens de le combattre.

Le traitement de cette surexcitation consiste dans des préparations sédatives, antispasmodiques. Si la boîte à pansement a pu être apportée, on donnera quelques gouttes d'un liquide anesthésique, comme le chloroforme en boisson, dix gouttes, ou en vapeur respirées deux grammes; — une gorgée de boisson alcoolique. Mais surtout on emploiera le médicament par excellence, les opiacés, le laudanum seront héroïques en pareil cas. — On couvrira beaucoup le malade, on le réchauffera, on tâchera de le faire suer, c'est là un excellent moyen de détente.

CHAPITRE IV

DE LA PERTE DU SENTIMENT ET DU MOUVEMENT DES BLESSÉS. — DE SA SIGNIFICATION. — DES ERREURS QU'ELLE ENTRAINE. — DES MOYENS DE LES PRÉVENIR. — TRAITEMENT.

Un blessé est étendu sans mouvement : la mort, la commotion, la congestion cérébrale, la syncope, la léthargie du froid, celle de l'ivresse, les états simulés, telles sont les suppositions qui se présentent :

I. La *mort* se suppose peut-être trop souvent, c'est surtout sur le champ de bataille que les sépultures quelquefois prématurées ont pu donner la mort à des soldats encore vivants, on soupçonnera que le blessé vit encore si l'on trouve un *facies* naturel à expression douce, sans contraction des *traits*, comme en laissent les convulsions de la mort. Si la *température* est encore douce et plus élevée que celle de l'air ambiant, absence complète de *raideur* cadavérique quelques ébranlements des cordons artériels dernières traces du *pouls*. *Le frémissement rotatoire*, sorte de bruit de roue de voiture perçu aisément au niveau des gros muscles en y plaçant l'oreille, la transparence de l'œil et surtout l'hémorrhagie peu abondante et des causes insuffisantes pour la mort mais suffisants seulement pour la *commotion*.

On suppose ici que les signes évidents de la vie ont disparu tels que les mouvements du cœur et de la poitrine.

Si donc un blessé dans cet état ne présente pas de traces d'hémorrhagie abondante interne ou externe, ni de blessure visible et sensible ou produite en respectant la peau, il faut le conserver et ne pas le perdre de vue ou lui faire subir les épreuves qui donnent seules la conviction de la mort.

La meilleure preuve, il faut se hâter de le dire, et presque la seule c'est la teinte livide des téguments, le commencement de la décomposition.

En règle générale les signes de la mort les plus prochains et les moins trompeurs seront (Bouchat) :

1° La raideur cadavérique, encore faut-il savoir que cette apparence de mort peut être produite par des états tétaniques, par des convulsions toniques nées sous les influences des blessures ;

2° L'absence de respiration ;

3° Absence de battement du pouls et du cœur.

D'ailleurs en thèse générale n'enterrer jamais qu'au moment où la lividité et un commencement de travail de putréfaction se sont établis.

Cependant, même dans le doute, on devra employer les moyens usuels connus de tous : excitants de la peau, de l'intestin, des sens, des fonctions de respirations, faire disparaître les conditions défavorables provenant de la position des vêtements, des ligatures involontaires accidentelles du cou, autrement et sans ces précautions, l'attente et les autres moyens d'investigation n'ont pas de valeur.

II. Le blessé sera vraisemblablement *commotionné* s'il porte outre des signes des conditions suffisantes de la mort réelle, les traces des désordres profonds produits par un choc violent sur un point quelconque du cerveau ou du Rachis ; ces enveloppes du cerveau et de la moelle épinière ont pu résister et ne pas se fracturer pendant que les organes mous, qu'ils protègent ont été fortement ébranlés.

En outre on verra les accidents s'effacer progressivement. Le blessé semblera dans le sommeil, quelquefois la respiration s'oubliera mais pour reparaître bientôt presque avec ronflements. Le pouls sera lent, mais sa lenteur et son intermittence n'empêcheront pas son volume assez large de le trahir au doigt.

Ne *jamais saigner* en pareil cas ; les cordiaux, les excitants seuls applicables, la saignée est indiquée après le réveil complet suivi de mal de tête et de chaleur un peu vive, c'est souvent alors un traitement d'ambulance et non plus de champ de bataille.

III. La *syncope* est possible et doit être soupçonnée si sa cause habituelle, l'hémorrhagie, est visible ; de suite on arrêtera l'hémorrhagie artérielle ou veineuse quand la source en sera visible, mais si le sang a coulé dans une cavité non ouverte au dehors, l'hémorrhagie est cachée. Elle est quelquefois le fait d'un projectile peu volumineux resté dans la masse des organes et dont l'orifice d'entrée est visible mais ressemble plutôt à une contusion, à une brulûre superficielle, qu'à l'orifice d'une plaie, ou bien cette hémorrhagie interne est produite par une plaie des gros vaisseaux, c'est un instrument piquant dont l'introduction oblique n'a pas permis l'écoulement du sang au dehors, — chercher la plaie, — passer et trouver une tumeur abdominale ou une grande obscurité de résonnance dans la cavité de la poitrine, que l'on frappera avec les quatre doigts fermés et réunis ; le sang peut être collecté dans la cavité thoracique et dans le ventre, dans ce dernier cas on voit, on sent une bosse.

Les hémostatiques internes, l'eau froide, les astringents, le perchlorure de fer, les agents de compression, le respect ménagé mais non trop prolongé de la syncope qui est le meilleur moyen d'arrêter toute hémorrhagie, tel est le trait de cette variété de syncope.

La *syncope* sans hémorrhagie externe ou interne se reconnait à la pâleur avec conservation des signes propres à la vie ; chaleur, et aux autres déjà énoncés.

A la position inclinée du malade si le hasard de sa chûte a pu élever sa tête ; les excitants cutanés et autres , les alcooliques.

IV. La *léthargie* du froid n'est supposable que dans des conditions évidentes. Ne pas réchauffer le malade, le soustraire seulement à l'action prolongée du froid ; quelques cordiaux, des frictions sèches, et si la réaction est possible, la modérer par des applications froides et même par la neige.

V. L'*ivresse* et la chaleur amènent un état qui peut-être pris pour la mort.

L'odeur exhalée par le malade juge le fait et la cause; vomissement provoqués, expectation; la guérison est facile.

VI. L'*hémorrhagie* du cerveau, l'apoplexie spontanée ou de cause connue, un projectile pénétrant dans le crâne, se reconnaît en soulevant les membres des deux côtés qui ne retombent pas avec la même inertie.

CHAPITRE V

DE LA RÉDUCTION DES FRACTURES, DE L'APPAREIL PROVISOIRE QU'IL FAUT FAIRE ET DE LA POSITION QU'IL EST BON DE DONNER AU MEMBRE EN VUE DES SECOUSSES INSÉPARABLES DES DÉPLACEMENTS.

La réduction doit être l'objet des premiers soins, elle est le plus souvent facile, une légère traction dans le sens de l'axe du membre suffit en général. Mais quelquefois les muscles excités par les pointes des fragments et des esquilles se raidissent, et les efforts les plus grands seraient superflus ou ne feraient qu'exciter encore la contracture.

Ces efforts opérés avec ou sans succès absolu, il faut conserver la direction obtenue par un appareil improvisé.

L'ambulance volante est encore éloignée, les attelles et les bandages font défaut :

Avec deux mouchoirs ou cravates noués ensemble par les quatre coins on forme une sorte de sac. On le remplit de feuilles d'herbe, de mousse, de foin et de paille, on imite un oreiller creusé à dessein ; sous celui-ci des pièces du vêtement taillées en bandes permettent d'entourer le coussin et d'y maintenir le membre doucement, mais solidement fixé. A défaut d'oreillers on pourra faire de la même façon des coussins allongés qui formeront des attelles.

Ces précautions sont indispensables pour les membres inférieurs, les supérieurs entourés d'un simple bandage roulé, se maintiennent ensuite au moyen d'un mouchoir en écharpe.

Si les blessés sont agités et pris de tressaillements convulsifs on pourra augmenter la solidité de ces appareils improvisés en logeant le membre dans une tige de botte ou une gouttière, formée par l'écorce de tronc d'arbre ramollie et d'une capacité appropriée au membre.

Les mêmes feuilles et moyens de remplissage combleront les vides et amortiront les contacts. Des mouchoirs en bande assujétiront le tout.

Dans les champs de bataille où les marais abondent, les joncs liés en faisceau formeront des attelles.

Partout le cuir et les courroies des sacs du soldat compléteront les moyens d'union et remplaceront les mouchoirs absents. Il n'est pas jusqu'à la baguette du fusil qui, placée sur la face externe du membre dans les fractures de la cuisse, ne soit un puissant tuteur pour l'immobilisation.

Si c'est le bras fracturé qu'il faut immobiliser, c'est le tronc lui-même qui servira d'attelle. Un mouchoir les fixera l'un à l'autre, le plein sera étalé sur le bras et le nœud fixé du côté opposé du tronc.

De même la jambe saine servira utilement d'attelle à la jambe ou à la cuisse cassée, on les séparera par des feuilles et de la mousse pour que la pression soit partout égale, les mouchoirs ou les courroies des sacs les uniront ensemble.

Les *appareils en caoutchouc* sont de nouveanx moyens utiles par leur facilité de transport et la pression douce dont ils peuvent entourer le membre. Ces appareils sont creux, on peut au moyen d'un tube armé d'une canelle y insuffler et retenir de l'air. Ils prennent ainsi l'empreinte du membre blessé autour duquel on est dispensé de placer un appareil.

Il est cher, c'est la plus sérieuse objection, la chirurgie du champ de bataille doit être de toute nécessité la plus économique. Ce n'est donc pas un moyen d'improvisation généralement applicable.

En somme c'est encore l'appareil de Bonnet, de Lyon, la gouttière en fil de fer, où le corps entier, tronc, tête, membres, seraient logés, qui serait le meilleur appareil de contention pour le transport.

CHAPITRE VI

DE L'EAU FROIDE SUR LES PREMIERS PANSEMENTS. — ELLE EST D'UN GRAND SOULAGEMENT POUR LES BLESSÉS. — ELLE EST UN PUISSANT PRÉSERVATIF CONTRE LES ACCIDENTS FUTURS ET SURTOUT ELLE EST UN GRAND MODÉRATEUR DE LA SUPPURATION.

A mesure que la région blessée se réveille et sort de l'état de torpeur produit par la blessure, la douleur se manifeste, l'inflammation s'établit, le travail réparateur commence. Cette inflammation devrait être respectée si elle se maintenait dans les limites strictement nécessaires à la réparation des parties blessées. Mais, cette modération de l'inflammation est rare, surtout quand il s'agit de plaies par les projectiles lancés par la poudre. Alors, les désordres sont si étendus, une inflammation grave si imminente que le blessé peut en être la victime.

L'eau froide, si elle se trouve sous la main du blessé ou de ceux qui lui donnent les premiers secours, peut conjurer tous les accidents. Si l'eau manque, elle peut être remplacée, incomplétement, il est vrai, par les liquides destinés à calmer la soif des soldats. A leur défaut, on peut faire usage de l'herbe fraîchement cueillie; elle sera mise en provision suffisante à la portée du blessé, il en entourera lui-même la région, pendant la durée du transport.

Le grand avantage de l'eau comme moyen de pansement au début, c'est qu'elle arrête les hémorrhagies *primitives*, nées des petits vaisseaux, c'est qu'elle prévient les hémorrhagies *secondaires*, celles qui peuvent se produire durant le transport du blessé. L'eau empêche le mécanisme de ces hémorrhagies secondaires : avec elle la chaleur dans le membre est modérée, l'afflux du sang qui accompagne le retour de la chaleur est éloignée, la dilatation des vaisseaux, qui est le résultat de la chaleur et de l'accumulation du sang, est remplacé par un état de contraction permanente.

Toutefois des conditions formelles doivent être remplies, l'eau froide une fois employée pour le premier pansement, devra être *continuée* pendant toute la durée du transport; autrement il faut s'abstenir de l'emploi de l'eau froide, dès le premier pansement.

Les raisons qui s'opposent à l'emploi de l'eau, sont encore les suivantes : il y a des blessés qui sont impressionnés si défavorablement par l'eau froide : ils sont pris tout à coup de frisson, de douleurs locales si vives sous l'influence de l'eau, qu'il faut bien respecter leur individualité exceptionnelle et suspendre définitivement l'emploi de l'eau froide.

Le siége de la blessure au niveau du tronc, est une autre raison de modérer ou d'exclure l'usage de l'eau sur les plaies; en effet, dans ces régions étendues, l'action de l'eau froide ne peut-être bornée, elle peut mouiller au loin le malade et l'exposer aux complications des maladies rhumatismales, (pleurésie, pneumonie) etc.

Les saisons froides n'excluent pas l'eau du traitement des blessures; il y a plus, la neige, dans les campagnes d'hiver, sera placée avantageusement par-dessus les pièces de pansement qui recouvrent les blessures.

L'époque de l'emploi de l'eau froide, peut être quelquefois trop tardive. Ainsi, on n'appliquera jamais l'eau froide sur des blessures profondes qui se seront déjà enflammées consécutivement; l'eau froide dans des circonstances semblables, ajouterait aux conditions défavorables de l'inflammation. La peau comprime déjà fortement les parties enflammées; il faudrait lui donner plus d'extension et de souplesse, l'eau froide déterminerait le resserrement et la rigidité de cette membrane. La compression des parties profondes gonflées est déjà trop grande, l'eau froide substituerait à la compression, l'étranglement. Heureusement le blessé aura été secouru assez tôt pour que l'espèce que nous supposons soit plutôt une question d'ambulance, qu'une question de premiers secours, sur le champ même de la bataille.

Faut-il exclure l'eau froide quand le blessé est privé à la fois des éléments qui trahissent la vie : le mouvement, la sensibilité, la chaleur. Dans ce cas l'eau semble moins indiquée, il faut savoir qu'elle peut exagérer cette disposition fâcheuse et favoriser les tendances à la gangrène.

Dans les campagnes d'hiver, on ne confondra pas la congélation qui exige le traitement par la neige, avec la stupeur locale qui exclue quelquefois l'eau froide.

L'hémorrhagie grave, antérieure aux premiers secours, a déjà servi de traitement préventif aux complications inflammatoires des plaies. L'eau froide sera moins nécessaire dans ces cas, le danger qu'elle doit prévenir étant déjà conjuré. D'ailleurs l'eau froide exige pour son emploi la persistance préalable d'un certain degré d'énergie vitale.

M. Baudens préfère l'eau froide à tous les topiques mucilagineux, il les accuse d'être des agents de macération, autant que des moyens anti-inflammatoires. Ces topiques sont lourds, douloureux, conservent et entretiennent la chaleur qu'ils devraient combattre.

Ici nous nous arrêtons, car déjà la question telle que l'envisage M. Baudens appartient aux secours d'ambulance et non plus aux secours immédiats improvisés au profit du blessé, sur le lieu même de sa chute.

CHAPITRE VII

DE LA MANIÈRE DE RELEVER UN BLESSÉ SUR LE CHAMP DE BATAILLE ET DE LE PORTER AU CACOLET.

La fracture du membre inférieur est celle qui mérite le plus d'attention. Pour le plus grand nombre des autres fractures, si le malade dispose de ses deux jambes, et s'il n'est pas épuisé par la commotion et la stupeur ou par l'hémorrhagie abondante il se placera de lui-même aisément.

La cuisse ou la jambe sont brisées, un aide s'empare de la jambe, ses deux mains éloignées suffisamment, se placent sous le membre de manière que le déplacement ou la pesanteur ne déterminent pas le jeu des deux portions d'os brisé l'une sur l'autre.

Deux autres aides passent leurs bras derrière le dos du blessé ; celui-ci embrasse le cou à droite et à gauche de ses deux soutiens ; et les deux bras libres de ceux-ci se placent sous le siége du malade. Ainsi placés les deux porteurs soulèvent le blessé et le portent sur le brancard ou sur le lit du cacolet. L'aide qui tient le membre suit attentivement les mouvements des porteurs, arrivés près du lit, tous abaissent doucement, les uns le tronc, l'autre le membre blessé et le place dans la gouttière de fil de fer qui aura été posée à côté de lui. Le cacolet est en général trop élevé et les aides sont bien souvent forcés d'enlever le blessé à bout de bras pour déposer leur fardeau sur le cheval ou le mulet. Il serait préférable que l'on put séparer les deux côtés du cacolet qui s'accrocheraient par une insertion mobile aux deux côtés de la selle du cheval, on pourrait descendre ainsi chaque crochet, y déposer doucement le blessé, puis quatre hommes soulèveraient le tout et l'accrocheraient à la selle avec facilité et sans secousses pour le patient.

Si l'ambulance volante est très-rapprochée, un brancard improvisé suffit, quelquefois la boite de fil de fer pourra servir de brancard.

On peut placer à terre une série de larges et fortes pièces d'étoffes empruntées aux vêtements du blessé ou des assistants, on en fait comme un lit couvert plus ou moins de feuilles suivant qu'il peut soulever ou abaisser les diverses parties du corps, on fait aussi un oreiller pour le membre blessé comme pour la tête.

Deux fusils reçoivent la série des bouts de ces bandes, elles y sont solidement fixées, et deux autres fusils placés sous les deux premiers et à leurs extrémités supporteront tout le poids de ce brancard improvisé, des liens fixeront les quatre fusils au point de contact, aux quatre angles du carré ainsi formé. Le malade sera placé doucement sur le lit de feuilles ou de mousse, et quatre aides placés aux quatre coins porteront et seront remplacés à tour de rôle par huit autres qui se succéderont alternativement, et cela toujours dans le cas où les gouttières manqueraient.

Arrivé à l'ambulance, il suffira de déposer lentement le brancard sur le lit, et de couper les moyens d'attache des sangles aux deux premiers fusils. Ceux-ci séparés et éloignés, il ne restera plus qu'à tirer une à une les sangles, et le malade se trouvera directement couché sur son lit définitif sans secousses.

Avant d'y placer le blessé, il est urgent d'essayer le brancard en y plaçant et portant à une courte distance un homme de même poids. — L'épreuve indiquera les côtés faibles et les insuffisances du brancard.

La chaise à porteur n'est admissible que si les membres inférieurs sont libres de toute blessure, c'est-à-dire dans les plaies de tronc avec suffocation et impossibilité pour le malade de se reposer sur le dos ou le côté. C'est souvent le cas des plaies pénétrantes de poitrine, par des instruments contondants, piquants et tranchants.

La chaise à porteur sera exclue quand le blessé aura perdu beaucoup de sang, la position assise pouvant déterminer ou faciliter la perte de connaissance.

CHAPITRE VIII

DE L'IMMOBILISATION EN GÉNÉRAL.

C'est là bien sûr un des plus grands bienfaits à prodiguer au blessé dont les os sont fracturés par un projectile.

Les attelles, les coussins, les bandes de carton, les mélanges solidifiables, les gouttières, ne sont pas là sous la main de ceux qui donnent les premiers secours.

Nous avons vu à Bruxelles appliquer à l'hôpital, les moules en carton et les bandes amidonnées du baron Seutin : il a bien voulu nous en montrer l'emploi et les avantages.

Ils sont faits sur trois modèles de trois grandeurs différentes et appropriés ainsi à l'avance aux trois tailles moyennes des soldats blessés. Ils sont bien utiles à coup sûr, mais on leur reproche d'être trop embarrassants par leur volume et d'appartenir plus à l'ambulance qu'au lieu même de l'action. Mais cette objection n'a de valeur que pour les transports de longue durée et nous ne parlons que de la distance qui sépare le champ de bataille de l'ambulance.

Nous avons fait l'éloge des gouttières en fil de fer, elles seront plus lourdes, moins maniables que les appareils de M. Seutin, mais nous l'avons dit, on pourrait faire de ces gouttières moulées sur tout le corps, le brancard lui-même.

D'ailleurs ces moules ont l'inconvénient d'être d'une capacité trop invariable, inflexible pour un membre blessé qui va gonfler durant le trajet prolongé par le temps et les changements de position : mieux vaudrait employer les cartons pour le transport du blessé quand la distance est courte. Enfin, dans tous les cas, il sera bon et utile pour le blessé que quelques uns de ces moules de bras et de jambes, préparés à l'avance soient placés dans les caissons. On sera heureux de les employer s'ils arrivent à temps et s'il s'agit de fracture sans gonflement considérable probable.

Le membre blessé doit être lié et fixé de telle façon qu'il ne puisse plus exécuter ni subir de mouvement indépendant de celui du reste du corps. — Il ne doit donc plus y avoir pour un blessé que des *mouvements de totalité*. Cela nous ramène toujours aux boîtes en fil de fer, aux cages dans lesquelles le blessé couché serait en quelque sorte tout entier immobilisé.

Comment transporter ces cages ? — 1° Par des bâtons passés dans des anneaux fixés aux côtés, aux bords des cages. 2° En les suspendant par les mêmes anneaux latéraux aux crochets de la selle.

La cage remplacerait aussi le cacolet, des crochets fixés à la selle recevraient la cage ainsi chargée. On pourrait disposer les moyens d'union de la selle et de la cage de telle façon que celle-ci peut avoir un mouvement de rotation autour d'un axe antéro-postérieur. Cette rotation se composerait de quelques-uns des mouvements du cheval.

Dans les fourgons, des moyens de suspension et d'isolement élastique isoleraient le blessé tout en le mettant à l'abri des cahots.

QUATRIÈME PARTIE

Le chirurgien est présent. — Premiers secours chirurgicaux.

Cette quatrième partie doit être fort brève, autrement elle sortirait aisément du but purement pratique et préventif que nous nous sommes imposé. *La chirurgie avant le chirurgien.*

Cependant, qu'on veuille bien nous permettre d'effleurer quelques questions qui concernent les aides, sinon le chirurgien lui-même.

CHAPITRE I

DE LA SAIGNÉE PRÉVENTIVE. — FAUT-IL SAIGNER UN BLESSÉ IMMÉDIATEMENT?

Non, s'il a perdu ou est exposé à perdre bien du sang, s'il est voué, par la nature compliquée de sa blessure, qui renferme un ou plusieurs corps étrangers, à des suppurations intarissables. S'il est en proie à un engourdissement général ou à des tremblements, à des convulsions. Si le sujet est faible, jeune. S'il a mangé ou bu beaucoup peu de temps avant sa chute.

Oui, on saignera dans les conditions opposées, et encore si le sujet est athlétique, s'il est sorti de cet état de commotion qui suit tout coup de feu et en est inséparable. Mais le plus souvent c'est à l'ambulance que doit se résoudre le problème de la saignée préventive.

M. Velpeau repousse la saignée de prévision. Car quelquefois, souvent même, cette prévision s'adresse à des inflammations qui ne se seraient jamais développées.

Enfin, les indications de saignée qui existeraient pour le blessé isolé, relevé d'un duel par exemple, n'existent plus. Toutes conditions égales d'ailleurs pour le soldat qui trouvera dans ses antécédents et l'expectative de son séjour à l'hôpital, des conditions de réserve pour le chirurgien et l'épuisement pour lui-même.

En résumé, deux cas seulement où la saignée est indiquée sur le champ même de la bataille : 1° S'il y a crachement de sang, même quand il n'y a pas de plaie, et quand le regorgement du sang dépend d'un trouble momentané dans la circulation pulmonaire, d'une suractivité circulatoire de la surgescence sanguine des poumons, résultant de l'excitation de l'agitation de la chaleur, etc.

2° Si l'on observe des signes évidents de congestion ou d'hémorrhagie cérébrale.

Pour tous les autres cas, c'est à l'ambulance que la saignée devra se juger.

CHAPITRE II

FAUT-IL EXTIRPER TOUT D'ABORD UN PROJECTILE, UNE ESQUILLE, UN CORPS ÉTRANGER QUELCONQUE QUI A PÉNÉTRÉ.

En général, cette extirpation n'entre pas dans le cadre des opérations immédiatement urgentes à exécuter sur le champ de bataille.

Quelques cas seulement sont exceptés :

1° La balle est dans la région de la face. Elle a brisé les os du nez, les maxillaires supérieurs, ou bien elle a perforé le plancher de la bouche et la voûte du palais, de là elle peut bientôt, et par les mouvements du transport même, tomber dans l'arrière-gorge et asphyxier le blessé. Il faut extraire.

Il en est de même quand le projectile est logé dans l'épaisseur d'une paroi limitant un canal où les mouvements peuvent la précipiter. Telles sont les parois du larynx et de l'œsophage dans la région du cou.

La balle quelquefois a déprimé profondément les vêtements, et s'en est fait comme un doigt de gant qui la coiffe et pénètre avec elle dans les chairs.

Les déplacements du malade durant le transport, peuvent entraîner profondément la balle et avec elle le manchon d'étoffes destiné à servir d'instrument pour l'ablation du projectile. Extraire si le projectile n'a pas dû intéresser de gros vaisseaux.

3° Quand des plexus du tronc nerveux sont contusionnés et *comprimés* par le corps étranger, d'où des douleurs intolérables et bientôt des accidents convulsifs mortels (tétanos). Extraire encore.

4° Quelquefois ce n'est pas la balle qu'il faut enlever de suite, elle s'est logé dans des tissus qui n'ont pas trop à souffrir de l'expectation ; ce sont des corps étrangers, des esquilles osseuses dont les pointes et les tranchants produisent plus de déchirements que les balles elles-mêmes.

Mais il ne faut pas enlever de suite les esquilles qui sont encore adhérentes à l'enveloppe extérieure des os au perioste. Cette opération d'ailleurs n'est qu'une question d'ambulance.

En effet la nature, surtout chez les jeunes sujets, a des ressources de réparation inespérées ; et cette esquille encore adhérente au perioste peut être douée d'une vitalité encore assez grande pour être plus tard un agent important de la réparation ou de la cicatrisation de l'os fracturé.

C'est donc une raison sérieuse de s'abstenir de l'extraction des esquilles profondes et adhérentes. Il n'en sera pas de même des esquilles superficielles et mobiles.

Dans toutes les autres circonstances le corps étranger doit être respecté et au besoin assujetti dans sa position fixe au moyen de charpie et de bandes. Cela est vrai surtout quand il s'agit d'une région vasculaire ou voisine du trajet de gros vaisseaux. Le corps étranger est à lui-même le palliatif des accidents et des blessures qu'il a pu faire sur les parois des vaisseaux. Une hémorrhagie foudroyante peut suivre des essais d'extraction intempestifs, et sur le champ de l'action les secours ne seraient pas suffisants.

Au résumé, non, ne pas opérer sur le champ, mais à l'ambulance si ce corps étranger est engagé profondément; oui, extraction immédiate s'il est visible et saillant au dehors et si par sa présence il ajoute des difficultés et des dangers au transport du blessé.

CHAPITRE III

IL FAUT SONGER A SONDER LA VESSIE DE CERTAINS BLESSÉS AVANT D'EN EFFECTUER LE TRANSPORT.

Quelques blessés sont frappés de stupeur, le système nerveux est dans un état d'épuisement complet, les sensations sont obtuses, dans cet état les réservoirs et la vessie en particulier se remplissent sans que la sensation en soit perçue par le blessé. Dans ces cas il faut visiter le bas-ventre et si la vessie est saillante et ronde sonder le malade.

Par ce cathétérisme on conjure des accidents urinaires imminents et d'une grande gravité, en ce qu'ils ont de la tendance à modifier l'état général du sujet et à lui donner comme la physionomie pathologique propre aux injections générales et aux empoisonnements, par des liquides morbides. Enfin parce que la rétention prolongée peut devenir une cause de rétention d'urine qui ajoutera aux blessures une affection nouvelle.

CHAPITRE IV

DES AMPUTATIONS PRIMITIVES OU RETARDÉES A LA SUITE DE COUPS DE FEU.

Nous avons fait de ce sujet l'objet d'une thèse spéciale pour le doctorat en chirurgie, nous y renvoyons le lecteur.

CONCLUSION

A LA QUATRIÈME ET DERNIÈRE PARTIE.

En somme le premier secours le plus efficace après les pansements provisoires et l'arrêt des hémorrhagies, c'est le transport rapide. En règle générale sur le champ de bataille, s'abstenir autant que possible de toute opération chirurgicale. La plus urgente seule et utile, c'est l'opération qui consisterait à achever la section d'un membre qui ne tient plus au tronc que par quelques lambeaux insuffisants et qui ne peuvent éveiller en aucune façon l'idée de la conservation. En pareil cas l'opération entraine seulement quelques ligatures à faire.

En tout état de cause les doigts eux-mêmes et les orteils feront encore exception à cette règle. Il faut les respecter à tout prix. En dehors des cas ci-dessus énoncés, toutes les opérations doivent être renvoyées à l'ambulance volante la plus proche, l'intérêt du blessé l'exige.

FIN.

Coulommiers. — Imprimerie A. MOUSSIN.

www.ingramcontent.com/pod-product-compliance
Ingram Content Group UK Ltd.
Pitfield, Milton Keynes, MK11 3LW, UK
UKHW022141190726
13855UKWH00003B/1284